改訂版

20世紀の日本を
愛し敬した偉大な
平和主義者たちの
友好と逸話

シュバイツァー、アインシュタイン、湯川秀樹、
ダライ・ラマ14世、そしてユリ・ゲラーと日本

医学博士 **吉川 太刀夫**
Tachio Kikkawa, M.D.

文芸社

> 20世紀の日本を愛し敬した偉大な平和主義者たちの友好と逸話
> シュバイツァー、アインシュタイン、湯川秀樹、ダライ・ラマ14世、そしてユリ・ゲラーと日本
> *contents*

第一章
シュバイツァーとアインシュタインの友好と逸話 6

シュバイツァーと原爆 8

アインシュタインと原爆 10

シュバイツァーの死の反響 14

シュバイツァーとアインシュタインとの興味あるエピソード 16

シュバイツァーとノーベル平和賞受賞 17

シュバイツァーの思想 20

シュバイツァー博士の交友について 21

シュバイツァーと医術 23

それぞれの食事 24

アインシュタインの業績 26

シュバイツァーとゲーテ 28

シュバイツァーとアインシュタインの写真集 29

第二章
アインシュタインと湯川秀樹博士の友好と逸話 38

〈参考文献〉 45

第三章
ダライ・ラマ法王14世との出会いの思い出 47

真にすばらしい人、ダライ・ラマ14世 47
オードリー・ヘップバーンとダライ・ラマ14世 50

第四章
数秘術学(Numerology)
運命数(Fortune Number)と生まれ日数(Day Number)について 55

運命数と生まれ日数とは 55
生年月日(西暦)で知る基本の聖数(<u>運命数と生まれ日数</u>) 56
運命数と生まれ日数の暗示する基本的な個性(キーワード)・色・シンボル・星 59
日本と世界の著名人の<u>運命数</u>(数秘術による) 61
数秘術による<u>生まれ日数</u>の例の数々 67

付：数秘術とCIAも認めた世紀の超能力者ユリ・ゲラーと世界の平和　72

あとがきと文庫本化によせて　78

第一章
シュバイツァーとアインシュタインの友好と逸話

　私は、医学生時代の24歳頃に、アフリカのガボン共和国のランバレネで「密林の聖者」と呼ばれ、黒人のために医療活動に従事しておられたアルベルト・シュバイツァー博士を助けて共に働いておられた、眼科医の高橋功博士のもとに手紙を出して、シュバイツァー博士への尊敬の念と、ご健康と長寿を願う旨の親書を送りました。

　1カ月後、思いがけなくもガボン共和国より高橋博士からの丁重な手紙と、小冊子と、シュバイツァーのサインの入った絵ハガキが送られてきました。

　それによると、シュバイツァーは当時87歳ながら大変壮健で、朝早くから夜遅くまで、アフリカの黒人のためにシュバイツァー病院で忙しく医療にたずさわり、夕食後は12時頃まで読書や執筆など色々と勉強されているとのことでした。

　手紙の最後のところに高橋博士は書いておられました。「あなたは若くしてシュバイツァー博士を尊敬し、病院の医療活動に関心を持ち、医師になるために勉学中とのこと。どうぞ頑張って下さい。あなたの手紙の内容は、

第一章　シュバイツァーとアインシュタインの友好と逸話

必ずシュバイツァー博士に伝えておきます」

　それは1962年頃のことでした。その後、私は主に高橋博士の本や、白水社のシュバイツァー博士の本を購入して読みあさりました。

　そして、あまり一般に知られていないことですが、シュバイツァーとアインシュタインとが無二の親友であり、核の廃絶を世界に訴え、さらに、1945年8月6日と9日に広島と長崎に原爆を投下されたことに対して、日本と日本人に大変同情していたことを知ることができました。

　今回、その一部を記することにしました。

　アルベルト・シュバイツァーは、1875年1月14日に当時ドイツのエルザス（現在フランス領のアルザス）のカイゼルブルグで、フランス人の牧師の子として生まれました。

　一方、アルベルト（アルバート）・アインシュタインは、ユダヤ系の実業家を父として、1879年3月14日にドイツのウルムで生まれました。そして、両者は若い頃、ベルリンで知己の間柄でした。

　当時シュバイツァーはシュトラスブルク大学の神学部の教師（27歳）でした。一方アインシュタインは当時スイスのベルンの大学の教師（23歳）でした。両人は後年、共にノーベル賞を受賞してから、さらに親交を深

めたと言います。

シュバイツァーと原爆

　以下、高橋功著『シュワイツァーとの7年間』(旺文社新書)他よりの抜粋。
『アフリカのガーナで開催された「原爆なき世界」に日本代表の一人として出席した広島大学の森滝教授(被爆者)が、アメリカの代表と同道して、1959年6月30日にランバレネにやってきた。
　私(高橋)は、シュワイツァー博士と、同上の二人とのインタビューに立ち会って、またも重ねて博士の原爆問題に対する関心が想像以上に激しいことを知った。シュワイツァー博士はインタビューで次のようなことを述べた。
「私は多忙で日本には行けなかったけれども、広島の原爆被害については、色々な記録と資料を読みあさったし、広島を訪れた人々から原爆被害の報告は受けている。アインシュタインがヒトラーに呼ばれて、ドイツでの原爆製造の相談を受けたとき、これを断った。それで彼はドイツに居づらくなって1933年アメリカに渡った後、帰化した。そして、今度はトルーマン大統領に呼ばれて、やはり同じように原爆製造の相談を受けたが、アインシュタインは、自分は理論家であって実際家ではないか

第一章　シュバイツァーとアインシュタインの友好と逸話

ら適任ではないし、ヒトラー以外に使用するのなら希望に応じかねると言って断った。

世間では、アインシュタインを原爆製造の張本人と誤解している。その誤解を彼は終生気に病んでいた。そして晩年、その誤解を解くために彼は先頭に立って原爆反対を叫び続けた。

死の数週間前、彼はその意思をついで原爆反対運動を推進してくれるのは誰かと思いをめぐらし、結局私を後継者と見込んで、そのことをある友人に書き送った書簡がある。死の直前まで原爆問題を共にし、室の中を行ったりきたりしていたアインシュタインの姿を思い浮かべると、感動して目がしらが熱くなる。私は彼の遺志をついで原爆反対を叫ぶのが自分の義務だと思っている。原爆反対は今では政治や科学だけの問題ではない。すべての人がそれに目覚め、それを唱えるようにならなくてはならない。世論がこれをリードするのであり、新聞や雑誌、テレビなどの報道機関がその大役を果たすべきである。

モスクワの平和会議には、私と親族のフランスの哲学者サルトルが1957年のこの会議に招かれた。私はあくまで医師であり、1957年のソ連の即時核兵器実験中止案を支持する。毎年、８月になると、自分は1945年の広島と長崎の原爆被害を思い出し、最初にして現在唯一の原爆被害国である日本の人々に同情を禁じえない。日

本の人々は、そろって、もっと原爆反対を叫ぶ権利と義務があると考える」』

> ※高橋功博士のプロフィール
> 1907年（明治40年）6月8日、志賀潔（赤痢菌発見）の甥として、宮城県仙台市に生まれる。
> 東北大学文学部ドイツ語科卒、京城帝大医学部卒。
> 医学博士。専攻は眼科。
> 東北帝大付属病院勤務ののち、1958年（昭和33年）、シュバイツァーに招かれて、アフリカのガボンにあるシュバイツァー病院に赴き、武子夫人と共に働き、眼科医として、またライ村を任され、1966年（昭和41年）まで奉仕した。
> スパニッシュギターの名手、日本ギタリスト協会の名誉会長。
> 2003年（平成15年）10月26日没（96歳）。

アインシュタインと原爆

　一方、1945年8月6日に広島に原子爆弾が投下されたときのこと、アメリカのプリンストンにいたアインシュタイン（当時66歳）は、そのニュースを女性秘書から「ラジオで聞いた」と告げられて、「O！ Weh！（ああ！　なんたることだ！）」とドイツ語で叫びました〔博士夫妻は、来日時の1922年12月21日に、日本三景の一つの広島の美しい宮島（厳島神社）を訪れていま

第一章　シュバイツァーとアインシュタインの友好と逸話

す〕。

　私（著者吉川）事ですが、同じく1945年8月6日に広島に原爆が落とされた翌日、私の祖父、西内貞吉（当時京都大学理学部名誉教授・64歳）が、丁度たまたま下鴨でバスに乗った際、当時38歳で京大理学部物理学教授だった、知己の湯川秀樹博士（1949年日本初のノーベル賞受賞）と乗り合わせたのだそうです。そこで祖父が「湯川先生、昨日の広島への爆弾は何だったのでしょうか？」とたずねたところ「西内先生、あれは新型の原子爆弾というものです」と丁重に答えられたと、私が洛北高校（もと京都第一中学校で、湯川博士の母校）の学生のとき、祖父から聞いております。

※原子爆弾は、最初は京都駅近辺（筆者の家の近く）に投下される予定だった（TVで放送済）。

　その後、1948年アメリカに渡った湯川秀樹博士は、プリンストンでアインシュタインと会い（湯川スミ夫人同伴）、アインシュタインは、湯川博士に対して日本人への原爆投下を心から詫び、お互いに涙を流し合ったといいます。
　1921年、ノーベル賞受賞の前年度、イギリスを初めて訪れたアインシュタインは、一人でアイザック・ニュートン（万有引力の法則）の墓に詣でました。アイ

ンシュタインの一般相対性理論は、ニュートン力学の変革といわれますが、彼自身はその完成であると信じていたといいます。

同じく、1921年にイギリスの著名な平和主義者のバートランド・ラッセル（哲学者、数学者）が、49歳の時来日しました。そして、京都でラッセルとミス・デントン（英文学者）、竹内栖鳳（著名な日本画家）と私の祖父である西内貞吉（数学者で当時、京都大学の理学部教授）の４人による対談が、雑誌『改造』の出版社により企画されました。

その際、祖父の西内がラッセルに「あなたは何故数学をやめて哲学と文学を志すようになったのですか？」と質問したら、ラッセルはシンプルに「数学は難しいからだ」と答えたと聞いています。そして、出版社の社長の山本氏がラッセルに「いま生きている人で、世界一の偉人は誰ですか？」とたずねたところ、ラッセルは間髪を容れずに「一番はアインシュタインですよ」と言ったといいます。そこで山本氏が「アインシュタインとはどんな人か」とたずねたところ、「アインシュタインはニュートンに匹敵するほどの偉人だ」という答えが返ってきたとのことです。

その結果、翌年、山本氏はアインシュタインの日本招へいに一役かったといわれています。

第一章　シュバイツァーとアインシュタインの友好と逸話

　1922年、アインシュタインは客船「北野丸」で来日した年にノーベル物理学賞受賞のニュースを聞き、日本で大歓迎されました。そして、京大理学部を訪れた際、祖父の西内貞吉は、アインシュタインと共に貴重な写真におさまり、その写真を祖父から受けついできました（後出写真集参照）。

　アインシュタインは日本各地で講演や観光をしましたが、日本はヨーロッパと違い、ユダヤ人への偏見は一切なく、旅行中どこでも温かな歓待を受けて大変喜びました。そして離日に際し、質朴さ、簡素さ、純粋さなどの自然を重んずる日本古来の文化を大切にし、西洋化によって失わないでほしいと感想を述べたと言われます。
　また、アインシュタインは東北大学でも講演し、仙台について「学問の研究には実にいいところだ。研究所の階上から眺めた仙台は、本当に美しい自然を持っている」とも言っています。

　1950年ノーベル文学賞を受けた、サーの称号のあるバートランド・ラッセル（98歳まで長寿）は、1955年4月11日（アインシュタインの亡くなる7日前）、アインシュタインと共に、核兵器の廃絶や戦争の根絶、科学技術の平和利用などを世界各国に訴える内容のラッセル

＝アインシュタイン宣言（ポーリング博士をはじめとする11名の著名なノーベル賞の科学者と、日本の湯川秀樹博士も署名しています）を行いました。これは、アインシュタインの遺言状ともなりました。

シュバイツァーの死の反響

　また、アフリカのシュバイツァーが1965年9月4日にガボン共和国のランバレネで亡くなった際にも、博士と同年配で核兵器禁止や平和運動に精力的に働いていたバートランド・ラッセルは、次のようにシュバイツァーを追悼しました。
「真に善意と献身と奉仕の人はまれである。われわれの時代は戦争が絶えず、そういう善意の人を理解するには適していないし、またそういう人々は評価に値しない。シュバイツァー博士は、真に善意と献身の人であった」

　シュバイツァー博士は亡くなった年（1965年）の誕生日（1月14日）には、大変に元気一杯で壮健でした。誕生日にはイギリスのエリザベス女王やチャーチル元首相、ベルギーの国母陛下、オランダ女王はじめ世界各地から沢山の祝電が寄せられました。また日本各地の人々からも祝電が届き、大変に喜んだということです。
　そして、博士は若返ったように元気で、朝夕のフラン

第一章　シュバイツァーとアインシュタインの友好と逸話

ス語やドイツ語の聖書解読の声も大きく力強く、また食欲も旺盛でした。またピアノでバッハやモーツァルト、ベートーベン、ショパン、メンデルスゾーンなどの曲を暗譜していて、皆のために弾いたと言います。

しかし、その年の８月頃、作業中につまずいたのが原因で体調をくずし、９月４日に脳梗塞と腎不全で亡くなりました。

９月５日の葬儀の翌日、世界各国のあらゆる報道機関はシュバイツァーの死を告げました。私も自宅のテレビで様子を観ていて、涙をこぼしました。

その頃、世界情勢は再び深刻化し、東西の緊張も深まっていたので、アメリカのジョンソン大統領は、「世界は真の世界的人物を失った」と声明しました。またモスクワ放送も、シュバイツァーが核兵器禁止や軍縮を強く訴えたことを賞讃しました。

脳梗塞と腎不全で亡くなったシュバイツァーの姿は、穏やかで安らかな顔であり、遺体は、病院の敷地内にあるヘレーネ夫人の墓のかたわらに埋葬されました。

シュバイツァーの死は、世界情勢の深刻化と各国の武力抗争をこえて、世界の人びとの胸をゆさぶりました。

シュバイツァーとアインシュタインとの興味あるエピソード

シュバイツァーが終生、尊敬していたゲーテの生誕200年祭に、アメリカの大学からゲーテ賞を受けて、博士は初めてアメリカに渡りました（その前にドイツのフランクフルト市からも、ゲーテ賞を受賞しています）。アメリカ国民はこぞってシュバイツァーを「世紀の偉人」と称しました。博士はシカゴで、2回にわたって、ドイツ語とフランス語で、ゲーテについて講演しました。シュバイツァーは、若いときからドイツ語とフランス語が同じように流暢でした。

野村実著『シュヴァイツァー博士を語る』（白水社1961年）によると、この時、シュバイツァーが汽車でシカゴ市に向かう途中で、列車の中で起こった大変興味ある逸話があります。

列車の中で、シュバイツァーの座席の近くに乗り合わせた、ある2人の旅客が、シュバイツァーの姿を見つけ、おずおずとたずねました。

「あなたは、アインシュタイン博士でしょうか？」

そのとき、シュバイツァーは車内で書きもの中でしたが、目を上げて、フランス語と英語で話し始めました。幸い同席の客はフランス語が理解できました。そして、シュバイツァーは笑いながら答えました。

第一章　シュバイツァーとアインシュタインの友好と逸話

「いいや、残念ですが違います。私の髪と顔は、アインシュタイン博士に似ていますね！　だけど、頭の中は全然違いますよ、アインシュタイン博士は科学の方で、私よりずっと天賦の才能を持っています。それでも、私は昔からの、博士の最も親しい友人の一人です」

そして、ユーモアたっぷりに、また次のように言いました。
「もし、あなたがアインシュタイン博士の自筆をご所望なら、サイン致します」

相手の旅客は、この申し出を心から喜びました。

シュバイツァーは、1枚の紙片に、小さな丸っこい書体でこう書きました。
「アルベルト・アインシュタイン（Albert Einstein）─友人のアルベルト・シュバイツァー（Albert Schweitzer）によるサイン」

まことにユーモラスなシュバイツァー博士の、人間味あふれた一面が如実に表れたエピソードです。

シュバイツァーとノーベル平和賞受賞

1953年10月（78歳のとき）、シュバイツァーはノーベル平和賞を受賞しました。ノーベル賞の賞金は、ランバレネのシュバイツァー病院のライ病舎の再建築費に充てられました。当時、本院には400病床があり、ライ村に

は200のベッドがありました。白人医師が常時5名おり、看護師が約10名、事務員も20名ほどでした。

シュバイツァーは1954年、ノルウェーの首都オスロから「現代における平和の問題」と題するノーベル平和賞受賞記念講演を行いました。

ノーベル平和賞受賞(臨床医学者としては唯一のノーベル平和賞受賞)のシュバイツァー夫妻(1954年、オスロにて)。
＊追記　くしくも2013年11月19日に、故ジョン・F・ケネディ元米大統領の長女、キャロライン・ケネディ氏が女性初の駐日米大使となりました(大使にも筆者の著書の初版を謹呈しました)。
　氏は20歳のときに広島に行き、より良い平和な世界の実現に貢献したいと願うようになったと話しています(朝日新聞より)。
　また、報道陣の前で「父は米国大統領として初めて訪日することを望んでいました」と述べました。2013年12月10日には、長崎市を訪れ原爆資料館を見学し、深く心を動かされたと語りました。

第一章　シュバイツァーとアインシュタインの友好と逸話

　1957年4月には、シュバイツァーはノーベル賞委員会をスポンサーとして、同じくオスロ放送局から、独、仏、英、ノルウェー、ロシアの5カ国語で、全世界に向けて「核兵器を中止せよ！」と題する長大な放送を行いました。その中で、核爆発による放射能の危険性についても述べました。

　この放送で、シュバイツァーは日本のことと、日本国民のことを切実に考え、深い同情を寄せました。そして、ビキニ環礁での水爆実験についても詳しく述べました〔1954年3月1日の水素爆弾実験（原発事故と似ている……）で日本の漁船も死の灰（放射能）を浴び、死者が出たことも含めて〕。

　また翌年の1958年4月には、3時間にわたり、オスロ放送局から「平和か戦争か」と題する、戦争反対と核実験中止のアピールを全世界に向けて放送しました。

　その後1963年の8月5日に、シュバイツァーは米大統領J・F・ケネディにも手紙を送りました（ケネディは同年11月没）。

「核実験や一時的核兵器放棄に関して、米ソ両国が協定を結んだことは、世界の中でこれまでになかった最大のことと考えます。これにより西と東の間での核戦争が避けられる期待が持てます。モスクワ協定の、このニュースを知ったとき、核兵器反対で強く結ばれた友人、アルベルト・アインシュタインとのことを思い出しました。

彼はこの問題を苦にしながら、1955年、76歳で亡くなりました（心臓病と腹部動脈瘤で）。世界が平和への第一歩を踏み出したことと思い、どうぞケネディ米大統領への私（シュバイツァー）の深い敬意をお受け下さい。心をこめて。

　　　　　　　　アルベルト・シュバイツァーより」

シュバイツァーの思想

　アルベルト・シュバイツァーの文化哲学の基本は、「生命への畏敬」と「人間みな兄弟」という言葉でした。「生命の畏敬」は、
　　ドイツ語では、"Ehrfurcht vor dem Leben"
　　フランス語では、"Respect de la Vie"
　　英語では、"Reverence for Life"
　と記されています。

　シュバイツァーは記しています。ある日、ガボンのランバレネのオゴエ川を船でさかのぼっていた時、目の前で夕焼けの中に一群のカバがたわむれているのを見ました。この大自然の静かな調和の中で、ふと、その簡単明瞭な言葉を思いついたと。

　シュバイツァーは、その当時をかえりみて、あのとき、自分の前にはキリストでなくて、仏陀（ブッダ）があったと述懐しています。

第一章　シュバイツァーとアインシュタインの友好と逸話

シュバイツァー博士の交友について

　アルベルト・シュバイツァーは、神学、哲学、音楽、医学の4つの博士号を持っていますが、フランスやドイツに沢山の著名な友人を持ち、フランスの有名な小説家で文学者のロマン・ロラン（代表作『ジャン・クリストフ』など）とは無二の親友であり、また同じくフランスの哲学者・文学者のジャン＝ポール・サルトルとは親戚にあたります。いずれもノーベル文学賞受賞者です（サルトルは辞退）。

　またドイツの文豪、詩人でノーベル文学賞受賞のヘルマン・ヘッセ（シュバイツァーより3歳年下）とも親交があり、シュバイツァーの文明批評や、インド思想家とバッハに関する著書は、ヘッセにとって重要なものだったと述べています。そして、ヘッセは亡くなる前に、シュバイツァーが書いた幼少時代の心のこもった温かい思い出の書が大変に気に入り、「ドイツ文学中でいちばん美しい児童文学の一つ」とも称賛しています。

　その他、日本のキリスト教思想家、内村鑑三（1861～1930）により、シュバイツァーは初めて日本に紹介され、親交を結びました。また、久留米大学の外科医の脇村順三教授や、野村実内科医等が一時的に滞在して、アフリカの病院を手伝いました。

21

○アメリカの科学者、ライナス・ポーリング博士（1901年生まれ）との交友

ライナス・ポーリング博士は有名な科学者で、ノーベル化学賞とノーベル平和賞を受賞し、個人で唯一、二度のノーベル賞に輝いた科学者です。

ノーベル平和賞は、核兵器廃絶と世界平和などを提唱し、1955年のラッセル＝アインシュタイン宣言や、後のパグウォッシュ会議（原水爆実験禁止宣言）への関与（日本でも湯川秀樹博士や利根川進博士が参加しています）に対するものです。

博士は、特にシュバイツァー博士と仲がよく、毎年8月6日に広島で行われている原水爆禁止世界大会に出席し、何度もの日本訪問の途中、必ずアフリカのランバレネにシュバイツァーを訪ねて数日滞在するのが常でした。

滞在中、ポーリング博士はシュバイツァー博士や高橋功博士ら数名に対し、英語やドイツ語で専門の化学分子構造の話や、核実験の遺伝に及ぼす影響などについて色々熱心に話したといいます。また、ポーリング博士は、1976年頃キャメロン医学博士と共に、スコットランドの末期癌患者へのセント＝ジェルジ・アルベルト博士発見の「ビタミンC」の大量投与により、延命効果があったことを論文で発表して論議を呼んだことでも有名です。

第一章　シュバイツァーとアインシュタインの友好と逸話

シュバイツァーと医術

　シュバイツァー博士は70歳に達しても休みをとらず、朝から晩まで働いていました。その年の誕生日、70歳ながら、朝に腸捻転ヘルニアの患者の手術を行い、そのあと2、3人の心臓病患者の手当をして、夜遅くまで病院で過ごしたと、ハーマン・ハーゲドーンが『シュヴァイツァー伝』（白水社　1957年）で書いています。そして、臨床医師としてシュバイツァーを高く評価しています。

　事実、シュバイツァーは、神学や哲学や音楽を深く学んだ上に、アフリカでの医業に備えて、30歳の時から、フランスのストラスブール大学（当時ドイツ領で、シュトラスブルク大学）で、有名な教授陣から医学の基礎や臨床医学（熱帯医学を含む）を学び、医学博士となって、38歳の時、夫人と共にアフリカに渡りました（1913年3月）。

　当時フランス領だったアフリカのガボンにあるランバレネに行き、密林を切り開き、鶏小屋を改造した病院をつくりました。そこにはアフリカの黒人たちや、あらゆる病人が殺到するようになりました。

　数年後、この病院には内科や外科、産科、眼科などもできて、外科手術も行われるようになり、シュバイ

ツァー自身も外科手術を行いました。シュバイツァー博士が70歳を超えた頃には、日本をはじめ世界中から大勢の外科医が援助のために訪れ、病院での手術数も増えて、それは毎年2000例を超えました。

　シュバイツァーは、フランス語もドイツ語も同じように自由に読み書きできましたが、しゃべるのはフランス語の方が得意で、書くのはドイツ語の方が得意のようでした。
　なお、博士は、バッハやゲーテの研究で世界的に有名でフランス語とドイツ語の両方で論文を出版しています。
　博士は、大工工事や畑仕事や力仕事も自分で行いました。また、アフリカ人へのキリスト教伝道にも力を入れました。
　ハーゲドーンはさらに書いています。
「われわれの悲しい世界に一人の偉大な人物が生きている！」
　アインシュタインがシュバイツァーを尊敬して、あるときにこう叫んだと。

それぞれの食事

〇シュバイツァーの90歳頃の食事
　1月14日の誕生日には、食欲旺盛でした（高橋博士

夫人・武子氏の言)。

　ジャガイモ、大豆、卵、各種野菜（ナス、キュウリ、カボチャ等）、果物（野菜と果物が大好き）、ジャム（大好物）、パン、サンドウィッチ（間食）、米、魚肉、ハム、ソーセージ、乳製品（新鮮な牛乳、バター、チーズ）、ティー、コーヒー、ジュース、レモン水、日本の銘菓（ゴーフルなど）、時にはアイスクリームも。

　おめでたい時は、少々のビール、ワイン、シャンパン。
　砂糖と塩はひかえ目に。

○アインシュタインの食事
　幼いときから、宗教上の都合で、豚肉は避け、基本的に質素であったと本にあります。大好物はチーズとトマト入りのマカロニとスパゲティー（青年期イタリアで過ごしたことがある）、アルコールは飲まず各種茶（ティー）やコーヒー（少々）を好んだといいます。家では、パン、ソーセージ、スープと卵等、口に入れば何でもよいという状態でした。卵は大好物で毎日5〜6個。

　来日時（1922年）には、各地で熱烈な歓迎を受け、牛肉すき焼、寿司（お米も）、のり巻き、テンプラ、エビと魚の刺身が大好きで、味噌汁に至るまで何でも美味しいと言って食べました。芸妓から注がれた日本酒も少々口にしたそうです。パイプタバコが大好きで、一生涯離さなかったと言います（余談ですが、女性とヨット

も好きでした）。

アインシュタインの業績

アインシュタインは〝ハイテクの父〟と呼ばれ、博士の理論による主な「産物」は次のようなものです。

フランスの切手

○「光量子論」（ノーベル賞の主な対象となった）から
　各種レーザーの「応用機器」、太陽電池、ＣＤ、ＤＶＤ、デジタルカメラ、各種センサー、カーナビ、バーコードスキャナー等

○「ブラウン運動の理論」から
　医薬品製造、分子分離機等

○「特殊相対性理論」($E = mc^2$)から
　原子力発電、放射線治療法、陽電子放射断層撮影法、ＩＴ（情報通信）機器

○「一般相対性理論」から
　ビッグバン、重力波存在の予言、ブラックホール存在の予言など、それに基づく宇宙論他

第一章　シュバイツァーとアインシュタインの友好と逸話

　※2016年2月：重力波の直接観測に成功（国際チーム）。
　※2019年4月：ブラックホール初撮影に成功（国際チーム）。

「太陽の重力で光が曲がる」「幾何学と相対性理論の間に密接な関係が存在する」アインシュタインの言葉
（アインシュタインは、少年時代幾何学が得意だった）

〇アインシュタインの相対性理論のユーモア
「きれいな女性と一緒に座っていると、1時間が1分のような感じだ。でも熱いストーブの上に1分間座ったら何時間にも感じられるだろう。これが相対性理論だ」
「精神を伴わない科学は真の科学ではない」他。

〇アインシュタインの特殊相対性理論
　アインシュタインの世界一有名な特殊相対性理論である「$E=mc^2$」即ち「エネルギー（E）は、物質の質量（m）×光速（c）の2乗：c（光速度）＝秒速約30万km。光速は不変で、宇宙で一番速い」はこの世で一番大切な方程式であり、シュバイツァーの「生命の畏敬」の念と共に、私どもが決して忘れてはならないものと思います。

シュバイツァーとゲーテ

 ゲーテ（1749～1832）はドイツの詩人、作家、政治家、科学者として有名でした。
 ゲーテは、過去の偉大な精神に接近するための一番の方法は読書（心の糧）と書いています。「過去の偉大な人物にこそ学ぶことだ」「大衆メディアが人間を不健康にした」とも言っています。
 ゲーテの「精神」は、純粋さと謙虚さと反省、そして誠実さ、親切、寛大さ、愛と善意、そして絶え間ない更なる高みへの努力と自己克服でありました。
 ゲーテは、ナポレオン・ボナパルト（フランス皇帝、ナポレオン1世。1769～1821）に呼ばれて会いに行き、両者共互いに尊敬し合い、ナポレオンはゲーテに、ゲーテ著の『若きウェルテルの悩み』を6、7回読んだと話したと言います。ゲーテもまた、ナポレオン1世に敬意を払ったと言います。当時、ゲーテ59歳、ナポレオン34歳でした。
 シュバイツァーは、「ゲーテ的人間」になろうと努力した、と著書に書いています。
 シュバイツァーは、ドイツのフランクフルト市とアメリカからゲーテ賞を二度受けています。

第一章　シュバイツァーとアインシュタインの友好と逸話

シュバイツァーとアインシュタインの写真集

〈シュバイツァー編〉

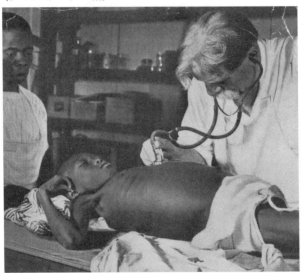

シュバイツァー病院には、内科や産科、眼科等があった。外科手術も毎年多数行われ、日本はじめ世界中から大勢の外科医が援助のために訪れた。シュバイツァー診察中。

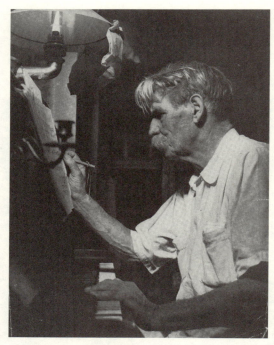

シュバイツァーは、5歳のときから父にピアノを習い、その後、有名な先生の指導のもとピアノが上達し、15歳のときから教会でパイプオルガンを習い始めた。ピアノは、モーツァルト、ベートーベン、メンデルスゾーン、バッハ、そしてショパンやワグナー等の曲を習い、大学の頃よりパリで本格的にパイプオルガンの名手・ビドールから個人レッスンを受けた。その後、パイプオルガンの世界的権威となり、彼のパイプオルガンの研究は、現在でも有名になっている。

第一章　シュバイツァーとアインシュタインの友好と逸話

パイプオルガンの名手であったシュバイツァーは、ヨーロッパのいたるところで演奏し、講演と共に、アフリカのランバレネの病院の資金を得るのに役立った。世界的なパイプオルガンの権威（特にバッハのオルガン曲）。

動物を愛したシュバイツァーが、シュバイツァー病院で左腕切断の麻酔手術を受けたチンパンジーに、バナナを与える写真。

手術室のシュバイツァー

シュバイツァー病院の位置（西アフリカ　ガボン共和国のランバレネ）

第一章　シュバイツァーとアインシュタインの友好と逸話

アルベルト・シュバイツァー（Albert Schweitzer）
文化哲学「生命への畏敬」"Ehrfurcht vor dem Leben"

〈アインシュタイン編〉

1922年12月17日。奈良ホテルのメインダイニングルームでピアノを弾くアインシュタイン。旅の疲れはバイオリンとピアノで癒やす。アインシュタイン43歳のとき。現在も、このピアノは同じ位置に残されています。2015年、筆者も縁あってピアノを弾かせて頂いた。

第一章 シュバイツァーとアインシュタインの友好と逸話

バイオリンを奏でるアインシュタイン。幼い頃から楽器を習い、晩年まで好んで弾いた。1922年12月1日、帝国ホテルで開かれた改造社の歓迎会で、ベートーベンの「クロイツェルソナタ」を弾き、聴衆を魅了した。アインシュタインは夫人同伴で1922年11月17日に船で神戸に到着して、京都（京大、二条城、知恩院、清水寺、祇園など）、東京（東大、迎賓館赤坂離宮など）、仙台（松島、東北大学）、名古屋（名古屋城など）、奈良（東大寺、法隆寺、奈良公園など）、大阪、広島（宮島など）、福岡等を訪れ、主に大学で講演を行った。12月29日福岡の門司からドイツに帰国した。日本滞在42日間。この日本滞在で、日本と日本人に恋をしたという。

ベルンのスイス連邦特許局のデスクに座るアインシュタイン（1905年、26歳頃）。1905年には、光量子仮説の論文、学位論文、ブラウン運動の論文を2つ、特殊相対性理論の論文2つを次々に完成している。1916年、一般相対性理論を発表して太陽のそばを通る光線が重力波で屈曲することを予測し、1919年の皆既日食の際にエデントンの観測により確かめられた。

第一章　シュバイツァーとアインシュタインの友好と逸話

アインシュタインと湯川秀樹。2人はアメリカのプリンストン研究所で日本への原爆投下に対して互いに涙を流した（1948年）。
「申し訳ない」といって涙をぽろぽろと流して泣かはった（湯川スミ夫人）

1922年12月14日。アインシュタインがノーベル物理学賞受賞した43歳のとき、京都大学理学部大学院にて（正面向かってアインシュタインの左隣2番目が、筆者の祖父・西内貞吉）。その後1925年、46歳のとき、尊敬するインドのマハトマ・ガンジーらと平和主義者宣言に署名。1955年4月11日、76歳のとき、ラッセル＝アインシュタイン宣言に署名。アインシュタインはその1週間後に亡くなり、遺言により墓は作らず、川に散骨された。

第二章
アインシュタインと湯川秀樹博士の友好と逸話

　戦後の1949年、中間子理論の研究で日本初のノーベル物理学賞を受賞した湯川秀樹博士（1907年生まれ）は、筆者の母校・洛北高校（元京都第一中学校）の大先輩にあたります。博士のご子息も洛北高校の数年先輩で、3年前にご夫妻にお会いして色々とお話を伺い、筆者の初版の著書をお渡しして、喜んで頂けました。

　ご子息も1948年にご両親の湯川博士夫妻と共に渡米して、プリンストン研究所でアインシュタインに会われたとのことでした。

　湯川博士は、一中から第三高等学校をへて京大（京都帝大）理学部物理学科に入学し、1932年に理学部講師、1939年には理学部物理学科の教授に就任されました。縁あって筆者の母方の祖父・西内貞吉（1881年生まれ。プロフィールは別記）は、1918年から1942年まで京大理学部数学科の教授（ならびに理学部長）を務め、その間、湯川秀樹博士と親交を深め、博士が講師のときの結婚式にも出席しています。

　祖父西内は、第一章にも記したようにアインシュタイ

第二章　アインシュタインと湯川秀樹博士の友好と逸話

ン博士の1922年の訪日（43日間）の際に、博士の相対性理論の全国講演に随伴し、京大理学部への招聘と講演にも深く関わりました。

1922年の雑記「改造」の12月号のアインシュタイン特別号には、西内の投稿記事「幾何学の物理学征服」が記載されています（別記）。また、東大（東京帝大）におけるアインシュタイン教授特別講演聴講者名簿の第一番目に名を連ねています。

湯川秀樹博士は当時中学生で、京大理学部でのアインシュタインの講演は聴講されていませんでした。

湯川博士とアインシュタインの最初の出会いは、1939年9月に32歳の博士が国際会議に招かれ中間子論の成果を携えて訪欧し、その途中で第二次世界大戦が勃発して急いで帰国の途中、アメリカに立ち寄り、初めてプリンストンのアインシュタインの自宅を訪問したのが最初で、アインシュタインは初老の60歳でした。

湯川博士のアインシュタインに対する最初の印象は、意外にも自分よりは一時代前の人間であるということだったと日記に記しています。それは、アインシュタイン自らが、光量子論で量子学の創始者であるにも拘らず、湯川博士の中間子の素粒子論にはあまり興味を示さないように見えた上に、当時はすでに「重力場と電磁場の統一理論の完成」に向かって悪戦苦闘していた時期であったから……と思われる、とも記しています。

湯川博士がアインシュタインに対して、全面的な共鳴（学問的にも人間的にも）を感じ始めたのは、第二次大戦後（1945年8月6日に広島、9日に長崎に原子爆弾、そして15日終戦）のことでした。

※原爆は、最初は京都の教王護国寺東寺の近くに投下される予定だった。

　それは、1948年9月から一年間、客員教授として再びプリンストンの研究所に滞在したときで、その間、改めて69歳のアインシュタインとしばしば話す機会を得たのでした。2人の間の話題は、物理学の問題を越えて、むしろ<u>世界平和と科学のあり方</u>をめぐってのものであることが多かったようです。この対話を通じて、湯川博士はアインシュタインが生来の平和主義者であり、また人間的にも他のどんな学者とも比べようもないスケールの大きい偉大な人物であることを感得した……と自らの著書に記しています。
　その後、湯川博士は1949年にはコロンビア大学教授になり、さらに同年日本人初のノーベル賞を受賞し、4年後の1953年にプリンストンでアインシュタインに最後の別れを告げて帰国後、京大基礎物理学研究所の所長に就任しました。

第二章　アインシュタインと湯川秀樹博士の友好と逸話

　アインシュタインはその後、多くの平和を求める講演を行い、「<u>このまま原子力エネルギーの開発がやみくもに進んだなら、人類は破局を迎えるだろう</u>」と警告し続けました（その後各国の原発事故として現実化してきている）。そして「原子エネルギーの問題の解決の鍵は人類の心の中にある」と結ぶのが常でした。1955年4月、アインシュタインは亡くなる1週間前に、イギリスの哲学者であり、もと数学者の平和主義者バートランド・ラッセル卿（祖父西内とも来日時に話し合った）や湯川博士など、世界中の著名な科学者11人連名の核兵器禁止のアピールに署名し、「ラッセル・アインシュタイン声明」がなされました。この声明をきっかけに1957年にカナダのパグウォッシュで第1回国際科学者会議（パグウォッシュ会議）が開かれ、毎年開催される会議に湯川博士は参加し続け、京都でも主催され、世界の平和と核廃絶のために一生を捧げられたのでした。

　博士の最後のことばは、「皆なんでそんなこと（核廃絶）わからへんのやろか……」でした。

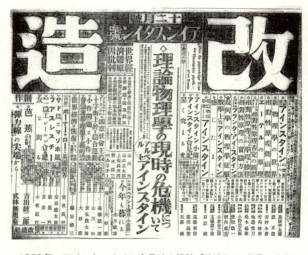

1922年、アインシュタイン来日時の雑誌「改造」12月号の表紙

第二章　アインシュタインと湯川秀樹博士の友好と逸話

にしうち　ていきち　**西内 貞吉**（1881 〜 1969）

数学者　明治14年12月27日、高知市に生まれる。第五高等学校（英語教師は夏目漱石）を卒業後、京大理学部数学科に入学し、理学博士となる。大正4(1915)年にハーバード大学、ソルボンヌ大学に留学。7年京都帝国大学理学部教授となり、昭和2（1927）年には欧州の各大学を視察した。京都帝大評議員、文部省学術研究会議会員を歴任。17年京都帝大を定年退官後は立命館、近畿、京都産業大学の教授を歴任した。非ユークリッド幾何学を日本に最初に紹介。著書は『非ユークリッド幾何学』『微分学』『解析幾何学』『幾何学の物理学征服―非ユークリッド幾何学は、相対性理論に相通じる』など多数。大正11年にアインシュタイン博士を京大に招待し、日本全国各地の講演活動の案内を務めた。京都日仏会館の会員となり、フランスと日本の学生交流と友好に努力。フランス国政

（吉川の母方の祖父）
西内 貞吉
1922年アインシュタイン来日時の写真

府よりシュバリエー・ド・ロルドル・ナショナル・ド・ラレジョン・ドヌール勲章を授与された。アメリカ留学中にエジソンに会い、来日したバードランド・ラッセル卿と対話した。湯川秀樹、岡潔博士の師。先見性のある努力家であり教育者であった。囲碁、日本画、フランス語とフランス映画の鑑賞を趣味とした。享年88歳。長男の名は「光」。

　※アインシュタインも湯川秀樹博士も学生時代は、数学が最も得意だった。

　～アインシュタインが日本に残したことば～
「日本人は西洋の知的業績に感嘆し、成功と大きな理想主義を掲げて科学に飛び込んでいます。けれども、西洋と出会う以前日本人が本来もっていた生活の芸術化、謙虚さと質素さ、純粋で静かな心、それらのすべてを純粋に保って、忘れずにいてほしいものです」

第二章　アインシュタインと湯川秀樹博士の友好と逸話

〈参考文献〉

『シュワイツァーとの７年間』高橋功著（旺文社新書 1967年）

『シュヴァイツァー博士とともに』高橋功著（白水社 1961年）

『続シュヴァイツァー博士とともに』高橋功著（白水社）

『シュヴァイツァー博士とともに』高橋功、高橋武子共著（白水社　1965年）

『シュヴァイツァー博士を語る』野村実著（白水社 1961年）

『シュヴァイツァー伝』ハーマン・ハーゲドーン著、原田義人訳（白水社　1957年）

『シュバイツァー』小牧治、泉谷周三郎共著（清水書院）

『シュヴァイツァーの世界』エリカ・アンダースン著、写真、野村実訳（白水社　1957年）

『アインシュタイン日本で相対論を語る』アルバート・アインシュタイン著（講談社　2001年）

『アインシュタインの東京大学講義録』杉元賢治編集（大竹出版　2001年）

『アインシュタインの世界』平井正則監修（ＰＨＰ研究所　2010年）

『アインシュタイン』（ポプラ社　2009年）

『ニュートン別冊　2001年大改訂版　相対性理論』（ニュートンプレス）

『ニュートン（光速Ｃ）アインシュタインが定めた宇宙の最高速度』（ニュートンプレス）2011年12月号

『アインシュタイン丸かじり』志村史夫著（新潮新書　2007年）

『わが生活と思想より』アルベルト・シュヴァイツァー著、竹山道雄訳（白水Ｕブックス　2011年）

『シュヴァイツァー著作集（ゲーテについて）』手塚富雄訳（白水社）

『シュヴァイツァー著作集（バッハ論）』（白水社）

『シュヴァイツァー選集８（キリスト教と世界の宗教）』大島康正訳（白水社　1962年）

『アインシュタイン・ショック〈１〉大正日本を揺がせた四十三日間』金子務著（河出書房新社　1991年）

『湯川秀樹とアインシュタイン』田中正著（岩波書店　2008年）

『神が愛した天才科学者たち』山田大隆著（角川ソフィア文庫）

第三章
ダライ・ラマ法王14世との出会いの思い出

真にすばらしい人、ダライ・ラマ14世

　古希をすぎて思うことは、人との出会いの貴さです。「人生邂逅・開眼・瞑目す」の言葉通り、人との邂逅（めぐり会い）ほど感動を与えるものはありません。

　精神世界に関心のあった私にとって、チベット仏教の最高の指導者であり、且つノーベル平和賞受賞者（1989年度）のダライ・ラマ法王に、同行と共に直接会えるご縁を得たことは、本当に幸せなことでした。

　ダライ・ラマ法王には、1995年11月、ちょうど大阪でAPEC（アジア太平洋経済協力会議）の開催の最中、貴いご縁によって、インド北部のダラムサラにある、チベット亡命政府のダライ・ラマ法王の宮殿にて、法王の貴い法話と特別な謁見を賜る幸運に恵まれました。

　以前から気さくで親しみやすいお人柄と見聞していましたが、実際に謁見して感銘を受けたことは、法王の他者との接し方でした。

　まず、誰に対しても謙虚で、相手を差別することなく、

対等の人として見つめ、本当にすばらしい微笑みを交わされます。

チベット亡命政府での生活は大変に質素で、身につけておられる時計や革靴、それに眼鏡等、どれも使い古された粗末なものばかりでした。

法話の後のティー・タイムでは、法王と一緒に、皆でミルク・ティーとビスケットを頂戴致しましたが、心がこもっていて、とても美味しく感じました。

古来、チベットやブータンやモンゴルの人々は、ダライ・ラマ（2000年前から観音菩薩の化身として伝わる）に一目でも会った者は、来世において限りない幸福を授かることができると信仰していますが、私もそのような幸せな気持ちになることができました。

法話の後、一人一人に絹の白いショール（カター）と小さな仏像を、法王自らが、相手の手掌を包むようにしてお渡し下さいましたが、その時の法王の美しく、綺麗な手と温かいぬくもりは、私の手に残り、一生忘れることができません。

私は、目前の法王に「サンキュー・ベリー・マッチ」と言うのがやっとでした。本当は、ダライ・ラマ法王が一番大切にしておられる、般若心経の最後のマントラ（祈り）をサンスクリット語でお礼返しに唱えたかったのですが……。

第三章　ダライ・ラマ法王14世との出会いの思い出

　しかしそれは、3年後の1998年4月初旬、第1回世界仏教復興会議（サミット）のために、ダライ・ラマ法王が来日され（京都国際会議場で13カ国の法王と共にスピーチされた折、ご自分のスピーチの前後に、唯一人、各国の法王に合掌して敬意を表されました）、宿泊先の都ホテルの一室で、早朝、再度法王に謁見させて頂きました。そこで私の3年来の夢が実現したのです。

　笑顔のダライ・ラマ法王と握手しながら、一緒に般若心経の最後のマントラ、「ガーティー・ガーティー・パーラー・ガーティー・パーラー・サン・ガーティー・ボディー・スバッファー」とサンスクリット語で唱えると、法王も合唱して下さいました。

　この瞬間、私の心は彼岸に達した喜びの気分に浸ることができました。このように謁見の30分間は、法王の微笑と笑い声で無事に終わりました。真にすばらしい一時でした。

　おまけに同行の7、8名の中で、私のみが持参した、貴重なダライ・ラマ法王の写真集に、チベット語でサインまで頂戴したのです。

　釈尊を心から尊敬する法王の平和思想は、またガンジーの無抵抗主義を引き継ぐ「非暴力の哲学」と、釈尊の「生きとし生けるもの……すべてへの無差別の慈悲と思いやりの心と、愛とゆるし」が基となっています。

ダライ・ラマ法王14世は、今も世界の平和と地球の環境問題、人口問題について考え、毎日、真剣に世界のために祈りを捧げておられます。
　いつも、般若心経の「空の心」を想念しなさいと、私どもに言われた言葉が一番印象的でした。

オードリー・ヘップバーンとダライ・ラマ14世

　映画『ローマの休日』でアカデミー主演女優賞を受賞したオードリー・ヘップバーンは、晩年の5年間、ユニセフ（1965年度ノーベル平和賞受賞）の親善大使として、病を押して、子どもたちの命を守るために、世界中を駆け回りました。日本が好きで、度々訪れています。
　そして、64歳で息を引き取る前に、息子のショーンに「何か後悔していることがある？」と聞かれたとき、「いいえ、でもなぜ世界の子どもたちがこんなに苦しんでいるのかわからない……」と言い、それからしばらくして、こう言ったといいます。
「後悔していることがあるわ。それはダライ・ラマに会わなかったこと。地球上で一番神に近いところにいる人よ。ユーモアがあって……、思いやりが深くて……、人間的にすばらしい人……」
　これが最後の言葉になりました。
　1993年1月20日、苦しむことなく、安らかな最期でした。

第三章　ダライ・ラマ法王14世との出会いの思い出

　その前日、インド・カルカッタでマザー・テレサ（ノーベル平和賞、シュバイツァー賞受賞、3度日本訪問）が
「私の大切な、尊敬すべき同志、オードリー・ヘップバーンに24時間、寝ずの祈りを捧げましょう」
　と世界に呼びかけました〔『オードリー・ヘップバーンという生き方』（新人物往来社）山口路子著より引用〕。

　オードリー・ヘップバーンが亡くなった2年後の1995年の11月、冒頭に記したように、私は、ある貴いご縁で、インドのダラムサラで、心から尊敬していたダライ・ラマ法王にお会いすることができたのです。

○追記　その1
　2011年3月11日、東日本大震災と大津波及び原発事故が不幸にも発生しましたが、その後訪日したダライ・ラマ14世は、大きな被害を受けた宮城県を訪れ、多くの被害者のために法要を行われました。
　講話の中で、1959年、24歳のとき、中国からヒマラヤ山脈を越えて、インドの北部に亡命したと

ダライ・ラマ14世は被災地の福島に来て子供たちを涙ながらに抱きしめた

1995年、インド北部のダラムサラにあるダライ・ラマの宮殿にて
(右は筆者)。

きの状況に触れながら、
「深い悲しみを共有するため、宮城の石巻市や仙台市、福島の郡山市に来ました。同じ人間として痛みを分かち合いたいのです。皆さんは一人ではありません」
と呼びかけ、人々に生きる希望と勇気を与えました。
　またダライ・ラマ14世は、東日本大震災が起こった後、すぐにインドにあるチベット仏教のすべての寺院で「般若心経」を唱えるように指示し、「般若心経」をできる限り多く読経するように呼びかけを行いました。

○追記　その2
　2010年11月、広島を訪れたダライ・ラマ14世は、広島で行われた「ノーベル平和賞受賞者世界サミット」で、被爆者で、核廃絶を世界に訴え続けた元広島平和記念資料館長の高橋昭博さんと、感激の対面をしています。

第三章　ダライ・ラマ法王14世との出会いの思い出

1998年4月6日（月）、京都都ホテルの一室で、朝9時。
ダライ・ラマ写真集に頂いたダライ・ラマ14世のサイン。
<u>仏教徒で唯一のノーベル平和賞の受賞者。</u>

○追記　その3
　映画「SEVEN YEARS IN TIBET」（1997年作）
　実在したオーストリアの世界的登山家、ハインリッヒ・ハラーと若き日のダライ・ラマとの、7年間に及ぶ魂の交流を描いた大叙事詩。ブラッド・ピット（1963年生まれ）の最高傑作ともいわれています。

※ダライ・ラマ（Dalai Lama）14世
　1935年7月6日　チベット生まれ。
　3歳の時、ダライ・ラマ13世の転生者と認定され、チベットのラサ（首都）のポタラ宮殿（世界遺産）にて、1940年、5歳の時14世に即位。
　1959年、チベット民族は中国に対して大決起し、ダライ・ラマ法王らはインドに亡命政府を作られ、今に至っている。
　モンゴルからは平和勲章（1979年）、フランスから名誉博士号（1984年）、スイスから自由人権財団賞（1988年）、そして米国よりアメリカ議会人権賞（1989年）などを受賞。

他にも、仏教哲学に関する多数の著述や、祖国チベットと世界のための平和運動に対して、数々の賞を贈られ、1989年には、仏教僧として唯一人、ノーベル平和賞を受賞している。

第四章

数秘術学 (Numerology)

運命数 (Fortune Number) と生まれ日数 (Day Number) について

国民一人ひとりに番号（マイナンバー）が割り振られることが国会で決定され、「共通番号制度」の利用が開始される運びとなりました。（注・2016年より開始）

筆者は2011年、数の大切さを学ぶための本を出版しましたが、「温故知新」である運命数（Fortune Number）と生まれ日数（Day Number）を是非とも、また知って頂きたいと思い、筆をとりました。

運命数と生まれ日数とは

ヨーロッパではすでに12、13世紀頃から伝わる、ユダヤの神秘的な秘儀（術）である「カバラ：Kabala」により、西暦の生年月日より導かれる、自分の「運命数」を知ることは大切で、運が開けるともいわれています。これを数秘術または数秘学と呼んでいます。

また伝授されてきた「カバラ」には人間、自然、宇宙とミクロからマクロまで未来を照らす力があるといわれ

ています。「カバラのホロスコープ〔ある特定の瞬間の太陽（日）と、月や惑星が人間や物に影響（インフルエンス）を及ぼす一種の占星術〕」により、「運命数」や「生まれ日数」には基本的な意味や個性が持たされています。「インフルエンス」は占星術の用語。

　※「星」の字は生まれ日と書く。

　つぎに、「運命数」の導き方と日本と世界の著名人といわれる人々や、偉人の「運命数」と「生まれ日数」を記してみます。

生年月日（西暦）で知る基本の聖数
（運命数と生まれ日数）

　人は誕生したその日から「数」の神秘に支配されるといわれます。私たちの生年月日に関係した聖数（運命数）を知ることは興味あることです。その運命数は自分に関係のある家の番地や電話番号、携帯電話、会員番号、車の番号、その他の番号にも時として表れます。
　数には、物事の成り行き、運命という意味があり、人の心や運命に影響を及ぼすとされています。

〇運命数と生まれ日数の聖数の出し方
　生年月日を西暦に直し、年・月・日に分けて、それぞ

第四章　数秘術学（Numerology）

れの数を1桁か、特別数（11・22）になるまで足し算を繰り返します（例参照）。下記の中で運命数が一番大切です。次に大切なのが、生まれ日数です（2桁以上の数の全体は、各桁の数を加算して1桁に換算した数と、波動が同じと考えます）。合計数が11と22はそのままにする。

例A：1875年1月14日生まれの人の場合（シュバイツァー）

年数：1 + 8 + 7 + 5 = 21→2 + 1 =〔3〕
月数：1→〔1〕
日数：14→1 + 4 =〔5〕
◎生年・月・日の聖数（運命数）
年数〔3〕+月数〔1〕+日数〔5〕= 9……運命数
◎生まれ日数〔数秘術の項（67ページ以後）を参照のこと〕
日数〔14〕→ 5

例B：1879年3月14日生まれの人の場合（アインシュタイン）

年数：1 + 8 + 7 + 9 = 25→2 + 5 =〔7〕
月数：3→〔3〕
日数：14→1 + 4 =〔5〕
◎生年・月・日の聖数（運命数）
年数〔7〕+月数〔3〕+日数〔5〕= 15→1 + 5

= 6……運命数
◎<u>生まれ日数</u>〔数秘術の項（67ページ以後）を参照のこと〕
　日数〔14〕→ 1 + 4 = 5

例C：1934年10月20日生まれの人の場合（美智子上皇后）

　年数：1 + 9 + 3 + 4 = 17 → 1 + 7 =〔8〕
　月数：10 → 1 + 0 =〔1〕
　日数：20 → 2 + 0 =〔2〕
◎生年・月・日の聖数（<u>運命数</u>）
　年数〔8〕+ 月数〔1〕+ 日数〔2〕= 11（特別数）
0……運命数
◎<u>生まれ日数</u>〔数秘術の項（67ページ以後）を参照のこと〕
　日数〔20〕→ 2 + 0 = 2

例D：1935年7月6日生まれの人の場合（ダライ・ラマ14世）

　年数：1 + 9 + 3 + 5 = 18 → 1 + 8 =〔9〕
　月数：7 →〔7〕
　日数：6 →〔6〕
◎生年・月・日の聖数（<u>運命数</u>）
　年数〔9〕+ 月数〔7〕+ 日数〔6〕= 22（特別数）

第四章　数秘術学（Numerology）

……運命数
◎生まれ日数〔数秘術の項（67ページ以後）を参照のこと〕
　　日数：〔6〕→ 6

運命数と生まれ日数の暗示する
基本的な個性（キーワード）・色・シンボル・星

数	基本的個性	色	シンボル	星
「1」	リーダーシップ（積極性と指導力）、ナンバーワン、パイオニア（自立、開拓性）	白色	神仏	太陽
「2」	協調性、仁（思いやり）、外向的、芸術、コーディネーター（企画性）※「11」：インスピレーション（霊感）、芸術、吉数、十一面観音の徳	赤色	女性	月
「3」	創造（発展）性、多才、社交性、人気、幸を導く暗示、好まれる数	橙色	男性	木星
「4」	現実性、堅実安定、安全、オーソドックス ※「22」：夢の実現、大幸運の暗示、四つ葉のクローバー（幸運のしるし）	黄色	大地、物質	天王星
「5」	自由、冒険、好奇心、多芸多才、頭脳明晰	緑色	人間	水星
「6」	調和、美、愛情、平和的、芸術性、宗教、宇宙的	青色	宇宙	金星
「7」	知（識）性、精神的、分析、ラッキーセブン、虹の七色、孤高	藍色	大自然	海王星

「8」	バイタリティー、実行力、支配力、末広がりの吉数	紫色	無限大（∞）	土星
「9」	人道主義、理想主義、人類愛の奉仕、平和主義、利他心	金色	九天(天上)、九惑星	火星

（色彩もプラス思考でラッキーカラーに）（数と色彩も大切）

太陽系9惑星
（月は地球の衛星で、半径は地球の4分の1）

第四章　数秘術学（Numerology）

日本と世界の著名人の運命数（数秘術による）

　著名人の、生年月日（西暦）から導かれる運命数（1〜9）をまとめました。

　著名人は生年月日の明らかな人の中から、筆者が個人的に選んだものです。

運命数1の人：

　黒沢明（映画監督）、小津安二郎（映画監督）、梅原龍三郎（洋画家）、渋沢栄一（実業家）、岡倉天心（美術評論家）、島崎藤村（詩人・小説家）、吉田茂（日本の首相）、森鷗外（小説家・医師）、白鵬（大横綱）、小澤征爾（国際的指揮者）、最澄（天台宗開祖）、嵯峨天皇（空海と共に三筆の一人）、法然上人（浄土宗開祖）、一休（禅師）、ナポレオン1世（フランス皇帝）、ノーベル（ノーベル賞創立者）、トルストイ（ロシアの文豪）、ジョージ・ワシントン（アメリカ初代大統領）、ジェームス・ワット（蒸気機関の発明）、シェークスピア（イギリスの劇作家）、ディズニー（世界の漫画王）、チャールズ・チャップリン（世界の喜劇王）、ナイチンゲール（看護師制度改革）、デカルト（フランスの哲学者）、シアヌーク国王（カンボジア）、ヘミングウェイ（アメリカの小説家）、キング牧師（ノーベル平和賞受賞者）、セ

ント=ジェルジ・アルベルト（ビタミンC発見、ベトナム反戦）、タゴール（インドの詩人、東洋初のノーベル文学賞）

運命数2の人：（11を含む）

　川端康成（小説家、日本初のノーベル文学賞受賞者）、金田一京助（アイヌ語研究・国文学者）、志賀潔（細菌学者・赤痢菌発見）、藤川矢之輔（前進座理事代表）、川上哲治（巨人V9の監督）、豊田佐吉（豊田式自動織機発明-トヨタ自動車の前身）、美智子上皇后、森田りえ子（上村松園を継ぐ女流日本画家）、小泉八雲（ギリシャの作家ラフカディオ・ハーン）、蓮如上人（真宗の中興の祖、御文）、正岡子規（俳人）、足利義満（室町幕府三代将軍・金閣寺創建）、山田耕筰（作曲家・指揮者）、大隈重信（政治家）、メチニコフ（食細胞・乳酸菌の研究）、ヒラリー（エベレスト初登頂）、ガガーリン（初の宇宙船スプートニクで地球一周）、アンデルセン（童話の神様）、クーベルタン（近代オリンピックの再興者）、モーツァルト（宮廷音楽家）、シューベルト（歌曲の王）、ココ・シャネル（世界的なデザイナー）、モネ（印象派の画家）、ドナルド・キーン（日本文学の研究の第一人者）、ビスマルク（ドイツ初代宰相）

第四章　数秘術学（Numerology）

運命数３の人：

　王貞治（世界のホームラン王）、松井秀喜（ニューヨーク・ヤンキースのワールドシリーズ優勝のＭＶＰ）、空海（弘法大師・真言宗の開祖）、大鵬（大横綱）、上村松園（女流日本画家）、瀧廉太郎（作曲家）、北里柴三郎（日本の細菌学者の父）、吉川英治（作家：宮本武蔵他）、石原裕次郎（映画俳優・歌手）、高橋尚子（オリンピック・女子マラソン日本初金メダリスト）、ゲーテ（ドイツの詩人・小説家・科学者）、ロベルト・コッホ（ドイツの近代細菌学の祖）、レントゲン（Ｘ線発明で第１回ノーベル賞受賞）、オードリー・ヘップバーン（アカデミー賞名女優）、ニールス・ボーア（量子論でノーベル物理学賞）、ファーブル（昆虫記）、ユトリロ（フランスの画家・レジオン・ドヌール勲章）

運命数４の人：（22を含む）

　雅子皇后（令和）、福沢諭吉（教育者）、栄西（臨済宗の開祖）、緒方洪庵（蘭学者・医師）、岡本太郎（芸術家）、鈴木梅太郎（ビタミンB_1の発見者）、新島襄（宗教家）、梅原猛（哲学者・作家）、ダライ・ラマ14世（ノーベル平和賞）、ベーブ・ルース（ヤンキースのホームラン王）、キュリー夫人（ラジウム発見・ノーベル化学賞、物理学賞）、サッチャー（元英国首相）、フロイト（オーストリアの精神分析学の創始者）、レオナルド・

ダ・ヴィンチ(ルネッサンスの芸術家・科学者)、ビル・ゲイツ(マイクロソフトの創始者)、高橋功(『シュワイツァーとの7年間』の著者)

運命数5の人:

　徳仁天皇(令和)、湯川秀樹(中間子理論で1949年日本初のノーベル賞)、大江健三郎(ノーベル文学賞・反戦、反核)、江崎玲於奈(エザキダイオード・ノーベル物理学賞)、横山大観(東の大観、西の栖鳳、日本画の大家)、本多光太郎(冶金学者・第一回文化勲章)、宮沢賢治(童話作家)、高峰譲吉(アドレナリンの発見者・化学者)、手塚治虫(漫画家)、長嶋茂雄(ミスター・巨人)、土井晩翠(詩人・荒城の月)、森繁久弥(俳優・声優)、徳川家康(江戸幕府初代将軍)、佐藤栄作(日本の首相・ノーベル平和賞)、金大中(韓国の大統領・ノーベル平和賞)、メンデルスゾーン(ドイツの作曲家)、ルノアール(フランスの画家)、ゴッホ(オランダ出身の画家)、セザンヌ(フランスの画家)、ダーウィン(進化論)、フランクリン(避雷針発明)、リンカーン(奴隷解放・アメリカ16代大統領)、ニュートン(万有引力の発見)、ショパン(ポーランドのピアノの詩人)、ヘレン・ケラー(三重苦の教育家)、バートランド・ラッセル(哲学者・数学者・ノーベル文学賞、反戦、反核)、ヘルマン・ヘッセ(ノーベル文学賞作家)、ライナス・ポー

第四章　数秘術学（Numerology）

リング（アメリカの化学者・ノーベル化学賞と平和賞、反戦、反核）、アレキサンダー・フレミング（ペニシリン発見）

運命数6の人：

　夏目漱石（小説家）、芥川龍之介（小説家）、双葉山（横綱69連勝）、松下幸之助（松下電器・PHP創立者）、明仁上皇（平成）、道元（曹洞宗開祖）、野口英世（細菌学者・黄熱病）、井深大（ソニー創立者）、ライト兄弟（飛行機発明）、ガリレオ・ガリレイ（天文学者・地動説）、コロンブス（アメリカ大陸発見）、メンデル（遺伝の法則）、サルトル（フランスの哲学者・文学者・ノーベル文学賞）、ロマン・ロラン（フランスの小説家・ノーベル文学賞）、エジソン（発明王）、アインシュタイン（20世紀最大の物理学者・ノーベル物理学賞）

運命数7の人：

　伊藤博文（日本の初代内閣総理大臣）、津田梅子（津田塾大学創立者）、平山郁夫（シルクロード連作の日本画家）、岡潔（世界的な数学者）、柏戸（横綱・柏鵬時代）、竹内栖鳳（日本画の巨匠）、瀬戸内寂聴（作家・僧侶、反戦、反核）、日蓮上人（日蓮宗開祖）、坂本龍馬（幕末の志士）、長谷川町子（漫画家）、イチロー（大リーガー）、シーボルト（ドイツの博物学者・医師）、フ

ランツ・リスト（ハンガリーのピアニスト・作曲家）、パスツール（フランスの化学者・発酵学・ワクチン作成）、ジェンナー（種痘の発見）、チャーチル（元英国首相）、エリザベス女王（2世）、ユリ・ゲラー（超能力者）、J．F．ケネディ（元アメリカ大統領）、周恩来（中国の元副主席）、チャイコフスキー（ロシアの作曲家）、メンデレーエフ（ロシアの化学者・元素の周期律発表）

運命数8の人：

親鸞聖人（浄土真宗開祖）、三船敏郎（映画俳優）、吉永小百合（名女優、反戦、反核）、御木本幸吉（世界の真珠王）、野村克也（最多出場捕手）、坂本龍一（作曲家、反核）、昭和天皇（124代）、カーネギー（アメリカの実業家）、ノストラダムス（フランスの大占星術師・医学博士）、バッハ（西洋音楽の父）、ベートーベン（ドイツの西洋音楽の巨匠）、ミケランジェロ（ルネッサンス期の彫刻家・画家・建築家）、ピカソ（スペインの画家・彫刻家）、ラファエロ（イタリアの画家）、グラハム・ベル（電話機の発明）、アーノルド・トインビー（歴史学者）、ハンス・セリエ（ストレス理論の提唱者）、ヨハネ・パウロ2世（反戦、反核のローマ法王・聖人）

第四章　数秘術学（Numerology）

運命数9の人：

　美空ひばり（国民的歌手）、利根川進（免疫学でノーベル生理学・医学賞、反戦、反核）、谷崎潤一郎（小説家）、大西良慶（清水寺元貫主、反戦）、大松博文（東京オリンピックの女子バレーボール監督）、古橋広之進（フジヤマのトビウオ・水泳連合の元会長）、山田洋次（映画監督、反戦、反核）、小倉遊亀（日本画家・105歳）、カール・ユング（スイスの心理学者）、マザー・テレサ（ノーベル平和賞、聖人）、マハトマ・ガンジー（インド独立の父）、ロダン（彫刻家・考える人）、カラヤン（指揮者）、メーテル・リンク（作家・青い鳥他）、シュバイツァー（アフリカ密林の聖者・ノーベル平和賞・反戦、反核）、パブロフ（条件反射・ノーベル生理学・医学賞）、オパーリン（ソ連の生化学者・生命の起源説）、ブラームス（ドイツの作曲家）

数秘術による<u>生まれ日数</u>の例の数々

　数秘術は、1～9までの数（単数）によって成り立っています。自分の生まれた日の数字を一桁ずつ加算して単数にしたものです。生まれた日が二桁の人は、一桁に直します。
　例えば、
〔1の数〕生まれの人（1・10・19・28日）

〔1〕の数の象徴……**太陽**、威厳、独立、王者、高尚

　三船敏郎、御木本幸吉、岡潔、芥川龍之介、森鷗外、宮沢賢治、石原裕次郎、親鸞上人、トルストイ、ゲーテ、クーベルタン、ポーリング、ショパン

〔2の数〕生まれの人（2・11・20・29日）
〔2〕の数の象徴……**月**、平和、親切、思いやり、芸術、名声

　伊藤博文、<u>王貞治</u>、吉川英治、大鵬、白鵬、美空ひばり、昭和天皇、野村克也、<u>長嶋茂雄</u>、<u>森田りえ子</u>（日本画家）、<u>梅原猛</u>、<u>北里柴三郎</u>、<u>美智子上皇后</u>、マハトマ・ガンジー、ヘルマン・ヘッセ、エジソン、<u>ユリ・ゲラー</u>、<u>エダムント・ヒラリー</u>

　※20は、クイーン、キングの数（下線は20日生まれ）

〔3の数〕生まれの人（3・12・21・30日）
〔3〕の数の象徴……**木星**、独立、向上、正義感、名声運、幸運を呼ぶ

　福澤諭吉、津田梅子、松井秀喜、リンカーン、ダーウィン、ゴッホ、ヘミングウェイ、チャーチル、コロンブス、ナイチンゲール、バッハ

〔4の数〕生まれの人（4・13・22・31日）
〔4〕の数の象徴……**天王星**、忍耐、孤独、思考型、頑

第四章 数秘術学(Numerology)

固、安全、堅実、幸運
　中谷宇吉郎(物理学者)、竹内栖鳳、森繁久弥、大江健三郎、イチロー、吉永小百合、山田洋次、渋沢栄一、シューベルト、ワシントン、オードリー・ヘップバーン

〔5の数〕生まれの人(5・14・23日)
〔5〕の数の象徴……**水星**、知能、機知、勤勉、ずば抜けた頭脳と才能(5は1〜9の中央数で王を象徴)
　徳仁天皇、上村松園、黒沢明、金田一京助、緒方洪庵、新島襄、明仁上皇、湯川秀樹、川端康成、川上哲治、モーツァルト、モネ、ディズニー、アインシュタイン、シュバイツァー

〔6の数〕生まれの人(6・15・24日)
〔6〕の数の象徴……**金星**、明朗、調和、宇宙、芸術、美的感覚、愛情
　瀬戸内寂聴、谷崎潤一郎、平山郁夫、空海、坂本龍馬、ダライ・ラマ14世、レオナルド・ダ・ヴィンチ、ベーブ・ルース、ミケランジェロ、ナポレオン1世

〔7の数〕生まれの人(7・16・25日)
〔7〕の数の象徴……**海王星**、変化、神秘、芸術性、ラッキーセブン
　日蓮上人、法然上人、古橋広之進、島崎藤村、樋口一

葉、キュリー夫人、ニュートン、カーネギー、ピカソ、ルノアール、チャップリン、チャイコフスキー

〔8の数〕生まれの人（8・17・26日）
〔8〕の数の象徴……**土星**、堅忍不抜、名声と地位、末広がりの吉数
　坂本龍一、徳川家康、岡本太郎、シェークスピア、ベートーベン、マザー・テレサ、釈迦（4月8日生れ）

〔9の数〕生まれの人は（9・18・27日）
〔9〕の数の象徴……**火星**、勇気、理想主義、人類愛、利他心、実行力、名声運
　雅子皇后、双葉山（横綱）、夏目漱石、松下幸之助、梅原龍三郎、横山大観、佐藤栄作、野口英世、最澄上人、小泉八雲、ヘレン・ケラー、バートランド・ラッセル、パスツール

　数には物事の成り行き、運命という意味があり、人間の心や運命すらも1〜9までの数に支配されると数秘術（Numerology）では考えます。
　まさに、数は自然の中の暗号であり、世の中の謎を解くキーワードであり、そしてまた<u>唯一の万国共通語</u>ともいえます。

第四章　数秘術学（Numerology）

　物理学の法則、数学、生年月日、暦、時間、電話番号、FAX番号、郵便番号、番地、車のナンバー、宝くじの番号、地震のマグニチュード、ロッカーの番号、暗証番号、計算機・ハカリ・検査の値、温度・記録の値、背番号、コンピュータ、インターネットにしても数字がなければ成り立ちません。マイナンバー制も然りです。

> # 付：数秘術とCIAも認めた世紀の超能力者
> # ユリ・ゲラーと世界の平和
> ―――――――――――――――――――――――
> =カバラの数秘術を大切にする=

　1989年9月、筆者吉川は東京の「ユリ・ゲラー、オン・ステージ」の公演会で、憧れの世界的超能力者で平和主義者のユリ・ゲラーと会うことができました。

　ゲラーは当時43歳で大変に元気で、自分の超能力が決してマジックではないことを、そして私たち皆の心の中にそのような力（パワー）が潜在していることを若い日本の人たちに理解してもらうために一生懸命でした。

　彼のハンド・パワーでスプーンを曲げたり、切断したり、植物の種を発芽させたり、羅針盤（コンパス）の針を動かしたり、また壊れた時計を動かしたりする念動（PK）や、テレパシーや透視のようなESPとは別に、彼が最も主張したかったことは、「世界平和のために日本の人々がもっと心の力（マインド・パワー）を利用しなければいけない」。すなわち "Believe your mind power!" というポジティブ・シンキングのメッセージでした。

　ユリ・ゲラー（Uri Geller）は1946年12月20日、イ

付：数秘術とCIAも認めた世紀の超能力者ユリ・ゲラーと世界の平和

スラエルでハンガリー系ユダヤ人の移民の家庭に生まれました。母親は有名な精神分析学の祖フロイトの親類でした。

　アインシュタインやダライ・ラマ14世と同じように日本と日本人に大変愛着をもち、1974年の初のテレビ出演以後幾度も日本を訪れ、1982年にはスピリチュアリティーを学ぶために富士山の麓に家を見つけ家族と共に1年間住みました。有名なジョン・レノンとオノ・ヨーコの勧めによるものでした。その間、瞑想をし、富士山に登り、富士五湖（山中湖など）の周りをランニングし、スーパーで買い物もし、充実した毎日を過ごしたと言います。今でも霊峰富士山を訪れ、自然を尊び大事にする日本は自分にとって世界中のどの国よりも大切な国と述べています。

　次に、また25年前の「ユリ・ゲラー、オン・ステージ」での私の体験に戻りますが、彼はアメリカに移住していた時には、CIAからの要請を受けて米ソ軍縮会議の前夜のレセプションで大活躍し、会議が成功してその後の米ソの冷戦防止に少しでも自分の念力とテレパシーのパワーが役立ったのなら幸せだと、私たち観衆にその時の写真パネルを見せながら謙虚に語ってくれました。

　彼は、いつも「マインド・パワー（心の力）はミサイルより強力だ！」と主張し続けています。今のイスラエルとパレスチナのミサイル攻撃には勿論批判的です。彼

は、一時はイスラエルの英雄でした。ユリ・ゲラーの顔写真の表紙の雑誌は世界中で山ほど出版されました。

　次に大切なことですが、筆者が実際に会ったゲラーの印象は、私と彼の目と目が合い、手と手が触れ合った瞬間、すばらしく謙虚で、素直な、そして真面目な人だということでした。素顔は知的で鋭いところがありましたが、目は澄んでいて輝き優しさをたたえ本当に光のような気を放っているようでした。服装は質素でジーパン姿でした。食事も粗食で食べ物を完全に菜食主義にして、タンパク質はなるべく植物性のもの（大豆やナッツ類など）からとり、体力や感情管理に徹底的に努力をはらっている様子でした。今も午前中には運動を行い、体力づくりのためできるだけ歩くようにしており、他の世界中の超能力者の中で、ゲラーだけが安定したパワーを発揮し続け、今も平和のために世界中をかけ巡っています。

　ゲラーの実演後、私は彼が本真物の超能力者だと感じ、感動した第一番の理由は、<u>彼が神と自然と家族を大切にする信仰心の厚い人</u>で、「人間の赤ちゃんの誕生ほど不思議で神秘的なものはない」と素直に語ったことでした。

〈ゲラー効果について〉

　ゲラーの超能力は米国と欧州の多くの研究所で長期間にわたる科学的テストを受けており、彼ほど研究し尽くされた超能力者はほかにはいません。これらの中で最も

付：数秘術とCIAも認めた世紀の超能力者ユリ・ゲラーと世界の平和

　大掛かりだったのは、カリフォルニアのスタンフォード研究所で行われたものです。計7週間にわたるテストで、これらの実験のいくつかは「ユリ・ゲラーの実験」（1973年）としてテレビで実況され、映画にも収められています。

　その後一流の科学雑誌「ネイチャー」（1974年10月18日号）に掲載され、その他の本や雑誌にも生のテスト記録が載せられています。それらについて一部論争がありましたが、今では肯定的にとらえられています。2017年の1月18日のテレビの「超能力に挑む最新科学」にも出演したゲラーは、スタンフォード研究所の実験で、自分の能力が本物だと証明したいと思って実験に臨んだと語りました。

　ゲラーは主張しています、「本当の超能力とは、人類の進化に役立てるために使うものである。誰にでも潜在する才能やマインド・パワーを利用し、世界の人々の心を紛争から平和のほうに振り向けるべきである。人は五感を使うだけではなく第六感（心や魂）をもっと使わなくてはいけない。心はミサイルより強力だから、ミサイルに何兆ものお金をかける代わりに〈心の力〉の開発にお金をかけるべきだ」と。

　もう一つ、「人はみな自分のラッキー・ナンバー（マイナンバー）をもっている。私のラッキー・ナンバーは運命数の〔7〕と特別数の〔11〕です。特に〔11〕は私

のパワーを最高に高める数です。数をいろいろなことに利用して楽しみ、幸せに役立たせている。数のシンクロニシティー（共時性）の研究は大切である」と述べています〔拙著『数のプラス思考』をユリ・ゲラーにも進呈済みです〕。

　ユリ・ゲラーは一時期、金炭鉱やダイヤモンド炭鉱会社等への協力や、種々の発明で得た資金で、イギリスに日本風の庭園や鳥居のある邸宅をかまえ、家族と一緒に幸せに過ごしていました（今は祖国イスラエルに戻っています。──2017年）。

　今でも日本に時々来ていて、今年の夏には富士山の麓より私にもポジティブ・パワーを送ってくれました。

　ある「ゲラー効果」の研究者は、「ユリ・ゲラーは、人々に初めて念力の可能性を示したことにより世界に大きく貢献した」と語っています。

※2017年1月に、ＣＩＡ（アメリカ中央情報局）は、機密指定が解除された文書をオンラインで広く公開し、それにより彼の超能力が本物であることが証明された。

　ユリ・ゲラーは筆者（吉川）に手紙をくれて、世界中で"カバラの数秘術"が自分の持つパワーを高めるのに最高であることに気づいたと述べています。

　彼は、「吉川は、私とよく似た波動を感じる」と言ってくれて、数〔11〕と誕生日の末尾の数字も大事にしな

さいと教えてくれました。
　そして、ユリ・ゲラーは「私にとって、日本は世界中で最も愛すべき国であり、日本こそが私のパワーの原点であり、"秘密"そのものなのです」というメッセージを寄せています。

あとがきと文庫本化によせて

　外国の古今東西のノーベル賞受賞者の中で、私が出会ったチベット仏教のダライ・ラマ14世と同じように、今回記した、20世紀の偉人であるシュバイツァーとアインシュタインほど、日本と日本人に関心を持ち続け、1945年に広島と長崎に原爆が投下されたことに対して、強い憤りと同情を寄せた偉人は未だかつてありません。

　また両人とも亡くなるまで核兵器廃絶と放射能の危険性を世界に訴え続け、世界平和のために尽くした人は他にはないと私は確信しています。

　平成26年に小泉、細川両元首相が脱原発を目指す一般社団法人「自然エネルギー推進会議」を設立しました。発起人には両元首相のほか哲学者で作家の梅原猛氏や作家の瀬戸内寂聴氏（両人とも文化勲章受章者）ら計13名と賛同者には俳優の吉永小百合氏ら数十人が加わっています。

　私は、このような時代だからこそ、平和を愛し、日本を心から愛した20世紀の偉人である医学者・シュバイツァーと知友の物理学者・アインシュタイン、それにダライ・ラマ14世たちの日本と日本人への思いと、業績と珠玉の言葉の数々を集めた著書を改訂して文庫本化し

あとがきと文庫本化によせて

て出版致しました。
　この著書の初版は、広島及び長崎市長、広島平和記念資料館の館長他より、そして、細川元首相と梅原猛氏、吉永小百合氏から返礼を頂いております。
　このたびの改訂版の文庫本を全国の皆々様方に是非ともご一読頂ければ幸甚に存じます。
　最後に、この本を上梓するにあたり、文芸社編集部の吉澤茂氏と出版企画部の山田宏嗣氏のお力添えに心から感謝申し上げます。

　　　　　日本と世界の平和と安寧を祈って
　令和元年（2019年）５月　吉川　太刀夫

著者プロフィール

吉川 太刀夫（きっかわ たちお）

1938年生まれ。京都市在住。
京都府立医科大学卒業、医学博士（涙の分泌の研究ほか）。京都で行われた第23回国際眼科学会で、「涙腺の分泌機構」について英語で講演。国際眼科学会より眼科学の進歩に多大の貢献をしたとして表彰状を授与された。
日本に初めて非ユークリッド幾何学を紹介し、また1922年にアインシュタインを日本と京大理学部に招聘するのに尽力した数学者の祖父（西内貞吉［岡潔の師］京大理学部教授）の影響で、学生時代より「数」と「形」と「仏教」に関心を持ち続けている。
現在は、弘法大師・空海ゆかりの世界遺産の東寺前にある吉川眼科の院長。
吉川眼科病院は、平成6年、京都府知事・荒巻禎一氏より、地域保健医療に尽力したとして表彰状を授与された。
著書に『心とは』『20世紀の偉大な平和主義者たちの友好と逸話　医学者・シュバイツァーと物理学者・アインシュタイン』『改訂版　数のプラス思考』『和洋の数秘学』『涙腺の涙の分泌』（いずれも文芸社）などがある。ダライ・ラマ14世に三度謁見。令和元年度・日本眼科医会会長表彰受賞。

改訂版　20世紀の日本を愛し敬した偉大な平和主義者たちの友好と逸話

シュバイツァー、アインシュタイン、湯川秀樹、ダライ・ラマ14世、そしてユリ・ゲラーと日本

2019年9月15日　初版第1刷発行

著　者　吉川　太刀夫
発行者　瓜谷　綱延
発行所　株式会社文芸社
　　　　〒160-0022　東京都新宿区新宿1－10－1
　　　　　　　　電話　03-5369-3060（代表）
　　　　　　　　　　　03-5369-2299（販売）

印刷所　株式会社暁印刷

©Tachio Kikkawa 2019 Printed in Japan
乱丁本・落丁本はお手数ですが小社販売部宛にお送りください。
送料小社負担にてお取り替えいたします。
本書の一部、あるいは全部を無断で複写・複製・転載・放映、データ配信することは、法律で認められた場合を除き、著作権の侵害となります。
ISBN978-4-286-20869-5